ENCORE UN MOT

SUR

LA RÉPUBLIQUE D'HAYTI.

PARIS,

IMPRIMERIE D'ANT. BAILLEUL,

RUE THIBAUTODÉ, N°. 8.

1820.

ENCORE UN MOT

SUR

LA RÉPUBLIQUE D'HAYTI.

PAR suite d'événemens désastreux et de fautes accumulées, la France perdit, comme on le sait, sa superbe colonie de Saint-Domingue.

Les résultats de cette révolution furent-ils plus avantageux à l'humanité, qu'ils ne furent contraires aux intérêts particuliers de la France? La question me semble facile à résoudre : je ne m'y arrêterai pas; je me contenterai de faire observer que les noirs et les mulâtres ont usé d'un droit que tout homme apporte en naissant, et que l'on doit trouver bien moins extraordinaire de voir un esclave faire ses efforts pour briser ses chaînes, que son tyran chercher à les river : c'est une vérité si triviale, que j'ai presque honte de la répéter. Il est une classe de gens pour qui elle est encore un sophisme; mon intention n'est pas de la convertir : ce serait peine perdue ; elle est incorrigible. Laissons-là s'éteindre ; la future génération saura qu'elle a existé.

Si des crimes furent commis par des hommes exaspérés, ils furent provoqués par des crimes plus grands encore, dont se rendirent coupables des êtres qui voulaient s'arroger sur leurs semblables des droits dont il n'appartient qu'à la Divinité de faire usage. On a pardonné aux tyrans ; pourquoi n'excuserait-on pas les victimes ?

La postérité, au surplus, a déjà porté son jugement sur les uns et sur les autres ; toutes les nations ont reconnu les haytiens de la république dignes, sous tous les rapports, de la liberté qu'après tant d'efforts ils ont enfin acquise ; elles ont également apprécié à leur juste valeur ces éternels ennemis de l'ordre et des institutions libérales, ces colons du dix-huitième siècle, qui dans le dix-neuvième osent encore rappeler le bon vieux temps des croisades.

Une nation nouvelle vient de s'élever du néant : elle a fait, depuis quinze ans d'existence, des pas de géant vers la civilisation, à l'aide de ses institutions, autant qu'avec le secours de ses armes. Elle égalera bientôt en lumières, dans les arts et les sciences, les premiers peuples du monde. Pourquoi ne mériterait-elle pas de compter parmi eux? Pourquoi n'aurait-elle pas le droit de se gouverner par ses propres lois?

La France, disent quelques-uns, a des prétentions légitimes sur le territoire d'Hayti; elle en a aussi, osent ajouter quelques autres, sur les individus de ce territoire. Bon Dieu! quand cessera-t-on d'insulter ainsi à l'humanité? Quels sont ces droits? Sur quoi sont-ils fondés? Sur la conquête, sur la force? Oui, si la conquête et la force sont des droits, Sur la raison? Non, parce que la raison est bien le droit des opprimés; mais ne fut jamais celui des oppresseurs.

La France aurait acquis légitimement la propriété de l'île (j'entends par ce mot de légitimement, ce que les puissances du jour sont convenues d'appeler ainsi : les traités entre elles, sans égard à l'avis ni au bonheur de leurs subordonnés), qu'encore les haytiens auraient le droit de lui résister. Un contrat quelconque doit être réciproquement et librement garanti. Un peuple dans l'esclavage n'a plus la jouissance des droits que lui donne la nature; il est placé même hors de toutes les institutions sociales : aucune loi pour le gouverner ne peut être bonne. Je le répète, moi millième, il n'y a pas de loi, il ne peut y en avoir pour un peuple en servitude : la force peut seule le réduire. Elle a dit aux haytiens, il y a quelques siècles : « Voici une terre d'où » j'ai chassé sans raison les légitimes et natu- » rels propriétaires. Pour les remplacer, j'ai » jeté les yeux sur vous ; j'ai été vous arracher, » sur un autre hémisphère, à vos familles, à » vos habitudes ; je vous ai enchaînés, et vous » ai transportés ici comme des bêtes de somme. » Vous ne serez pas propriétaires ; il n'y a que » moi qui possède ici ; mais vous serez mes » esclaves ; vous cultiverez à mon profit cette » terre que vous allez arroser de sueur et de » sang. Je suis injuste, sans doute, ... » . . . . ; mais je suis la force : je » suis injuste encore de vous contraindre à » travailler pour moi, et sans profit pour vous ; » mais, encore une fois, je suis la force, et » toute résistance est inutile. »

Après trois siècles enfin, les haytiens, las de l'oppression, ont dit à leur tour : « C'est nous » maintenant qui sommes la force, mais la » force accompagnée de la raison. Vous allez » apprendre ce que, réunies, elles sont ca- » pables de faire. Allez, partez, persécuteurs » de nos pères, tyrans de nos frères ; quittez » un pays si peu fait pour vous, que vous avez

» engraissé de notre sang, et dont vous avez
» corrompu l'air par votre souffle impur.
» Allez . . . . Il faudrait peut-être vous
» exterminer tous pour satisfaire une partie
» seulement de notre juste vengeance ; mais
» nous voulons être dignes de la liberté ; nous
» vous pardonnons les maux que vous nous
» avez faits. Partez ; et si, par la suite, nous
» voulons bien vous souffrir parmi nous, ne
» revenez pas avec des projets destructeurs :
» tout ménagement deviendrait alors une fai-
» blesse. »

Tel fut le langage des oppresseurs et des opprimés.

La république d'Hayti fut fondée ; des institutions libérales devinrent le fruit de leurs longues souffrances. Un homme vertueux, tiré de leurs rangs, l'illustre Pétion, fut élu chef de cet état naissant. Dix ou douze ans d'une administration paternelle adoucirent les mœurs de ses concitoyens, qu'avaient rendues sauvages les traitemens iniques de leurs implacables tyrans. Il favorisa l'agriculture, inspira le goût d'un travail libre, encouragea l'éducation de la jeunesse, protégea les arts et le commerce ; sous son administration, tout prit une face riante et prospère : il appela chez lui les nations étrangères, jusqu'aux français mêmes, qui le méritaient si peu. Il accueillit les

uns et les autres avec affabilité , avec généro-
sité ; et le commerçant, en s'éloignant des rives
d'Hayti, s'écriait dans son enthousiasme: Heu-
reuse la nation gouvernée par un tel chef!
heureux le chef appelé à gouverner une telle
nation!

Pétion meurt.... la parque impitoyable le
ravit à sa patrie , au milieu de sa carrière. Des
cris de douleur retentissent d'une extrémité
de la république à l'autre : les veuves ont
perdu leur protecteur , les orphelins leur
père , chaque haytien a perdu son meilleur
ami. Celui qui a été témoin de la désolation
qui régna dans tout Hayti , qui a ouï les cris
déchirans des femmes éplorées , qui a vu les
larmes , le désespoir concentré des hommes ,
et n'a pas senti son cœur se briser par tant
d'émotions diverses : celui-là ne mérite pas le
nom d'homme. O vertueux Pétion ! émule des
Titus, des Henri, il ne t'a manqué qu'un théâ-
tre plus vaste , pour être placé à la tête des
bienfaiteurs du genre humain ! Tu sus récon-
cilier ta nation avec elle-même ; tu sus lui ins-
pirer la confiance dans ses forces , développer
ses qualités brillantes et solides ; tu la fis sortir
de l'enfance enfin , et lui préparas les plus
hautes destinées. Parlerai-je de tes vertus
privées ? Peindrai-je cette affabilité touchante
qui te faisait accueillir avec bonté jusqu'au

dernier de tes concitoyens, cette attentive et discrète bienfaisance qui te faisait soulager la misère de ces pauvres français qu'un présomptueux espoir avait attirés dans la république? Quelle que fût leur caste, c'étaient des hommes, et ils avaient des droits sur ton cœur. Peindrai-je aussi ce talent de conciliation que tu portais au suprême degré, qui faisait déserter les tribunaux, et renvoyait satisfaits ceux-là même que tu condamnais? Leur père plutôt que leur juge, tu fis renaître cette époque touchante de l'histoire du genre humain, où les peuples ne formaient qu'une seule et même famille gouvernée par un chef dont la prière devenait une loi. Que mes accens sont faibles pour louer dignement un tel homme ! Béni soit ton nom jusqu'au dernier jour des siècles à venir, bon Pétion ! que ton souvenir soit toujours présent aux amis de la vertu et de l'humanité !

Mais un chef non moins sage est appelé à lui succéder : il jure, sur les mânes de Pétion, de marcher sur les traces de son vertueux et illustre prédécesseur ; il connaît tout le poids de sa tâche, et promet de la remplir.

Boyer a justifié le choix des haytiens : il s'est montré digne de succéder au fondateur de la république. Trente mois se sont à peine écoulés depuis son élection, et déjà les institutions se sont affermies. Le commerce y fleur.t, la jeunesse est instruite, les arts et les sciences y font tous les jours des progrès; la police est parfaite, les lois s'exécutent; ce nerf de tous les gouvernemens, l'argent y circule avec abondance; bref, la civilisation y va atteindre son dernier période.

Les braves qui conquirent la liberté se reposent maintenant à l'ombre des lauriers qu'ils ont si justement mérités; ils se voient renaître dans des enfans dignes d'eux, dans de jeunes citoyens enthousiastes, comme eux, de l'amour de leur patrie, et qui, plus heureux que leurs pères, n'auront besoin que de la défendre; qui l'auraient conquise, s'ils n'avaient été devancés par eux. Oui, ils sont décidés à périr, plutôt que de voir l'étranger envahir leur territoire. Chaque haytien, nouveau Guillaume Tell, s'exposera à tous les supplices, plutôt que de courber son front sous le joug du despotisme. Il sera en tous lieux, en tous temps, bon soldat; chez lui, il sera invincible, ou ses ennemis ne trouveront que des cendres, des tombeaux, des déserts, là où ils se flattaient de retrouver leurs anciennes victimes et leurs anciennes usurpations.

Ne serait-il pas beaucoup plus digne d'une nation généreuse comme la France de reconnaître l'indépendance de la république d'Hayti? Quel sacrifice aurait-elle à faire? Aucun effectif, et elle en retirerait bien des avantages.

Je dis aucun sacrifice effectif; car on lui demande d'accorder de bonne volonté ce qu'elle a déjà perdu, et ce qu'il n'est plus en son pouvoir de reprendre. Et les anciens colons, me dira-t-on, ce sont des hommes aussi; ils ont tout perdu, qui les dédommagera? Quelques-uns, sans doute, sont à plaindre: il s'en trouve qui ne méritent pas leur sort; mais depuis le retour du Roi, la plupart de ces messieurs ont recouvré des places, des pensions, qui les ont dédommagés de la perte de leurs esclaves et de leurs habitations. D'ailleurs, pourquoi ne souffriraient-ils pas leur portion de peines comme ces millions de français victimes, comme eux, des diverses révolutions qui ont agité leur patrie? Parce qu'ils étaient colons de St.-Domingue, et par conséquent tyrans d'une classe d'hommes qui les valent bien, faut-il qu'ils soient mieux partagés que tant d'autres individus sans reproche? Des biens acquis par tant de cruautés et de crimes de toute espèce méritent-ils donc d'être conservés? Pour la morale publique, ne convient-il pas que des fortunes dont la source est si impure, soient pour jamais renversées?

Mais elles ne le seront pas entièrement: la république d'Hayti, pour assurer sa tran-

quillité et son indépendance sur des bases
respectables, a offert et offre encore d'im-
menses sacrifices en argent pour dédom-
mager les colons. Que ces sommes soient
bien appliquées; qu'on ne les détourne pas
de leur véritable destination, et elles suf-
firont pour faire vivre dans l'aisance ceux
des colons dont la fortune ne s'est pas relevée
depuis la perte de Saint-Domingue.

J'ai dit que la France retirerait des avantages de l'indépendance reconnue de la répu-
b ique d'Hayti.

Depuis six ans, le gouvernement français
vient au secours d'un grand nombre de colons;
pour eux, on a fait des lois d'exception qu'on
renouvelle chaque année. Le code de lé-
gislation qui régit 30 millions de français,
n'est pas celui qui régit les colons. Étran-
gers à la France par leurs principes et leurs
opinions, il semble que l'intention du légis-
lateur ait été de les signaler comme tels, en
les rendant méprisables à leurs concitoyens;
car le sentiment qu'ils inspirent ne peut être
la pitié : on ne plaint pas ceux qui ont ou-
tragé l'humanité; on les méprise, on les rejette.
Je parle en général, car, Dieu soit loué, il y
a d'heureuses exceptions.

Si la France reconnaissait l'indépendance de la république d'Hayti, quel avantage ne retirerait-elle pas du commerce presque exclusif qu'elle ferait chez cette nouvelle nation? L'Angleterre, qui sait profiter avec tant d'habileté des fautes de ses ennemis, après les avoir provoquées avec tant d'adresse, retire depuis long-temps un profit immense de ses relations avec Saint-Domingue, et au détriment de sa rivale, dont les produits sont frappés d'un double droit d'importation.

L'indépendance reconnue, on verra bientôt des lois protectrices de son commerce quadrupler celui qu'elle n'y fait maintenant qu'à l'abri honteux d'un pavillon étranger; plus de gêne, plus d'entraves : alors le luxe français s'introduira promptement dans les maisons, dans les habitations d'Hayti, et chez toutes les classes de la société. — Quand les haytiens pourront compter sur les intentions pacifiques de la France, ils embelliront leurs villes, leurs ports, leurs monumens publics, et tout cela à l'aide du commerce français, parce que leurs inclinations les portent naturellement à vivre à la française. Quelle activité régnerait alors dans ces nombreuses fabriques de l'ancienne métropole ! Les bénéfices qui en résulteraient seraient avoués par l'humanité, leur source serait pure , et la morale publique y gagnerait aussi.

Parlerai-je ici d'avantages moins matériels, mais non moins honorables, ceux qui résulteraient, pour l'honneur et la gloire de la France, du bel et noble exemple qu'elle donnerait de l'affranchissement d'une classe d'hommes si intéressante! Oserai-je étendre mes vœux sur celui de tous les noirs, de tous les hommes de couleur répandus sur la surface du globe! Me sera-t-il permis d'élever ma faible voix pour leur graduel mais entier affranchissement?

Est ce trop compter sur les sentimens de philantropie et d'idées libérales qui feront de notre siècle le premier de tous les siècles, qui feront oublier les siècles passés, et prépareront le bonheur des générations à venir?

O Raynal, Simonde, Grégoire, de Pradt, et vous tous amis des malheureux africains, amis de toutes les castes persécutées, vos vœux seront exaucés : nous verrons bientôt luire l'aurore d'un affranchissement universel; nous verrons bientôt la vraie politique consister à faire le bonheur de tout le genre humain!

Et vous Boyer, Gédéon, Marc, Fresnel, Colombel, Pouponeau, Inginac, vous tous sages et généreux haytiens, vous vivrez assez pour jouir du spectacle de votre nation régénérée, placée au rang des plus heureuses et des plus civilisées du monde!

Puissé-je vivre assez moi-même pour être témoin d'un pareil bonheur!

Je ne regretterais alors ni les beaux jours de la Grèce, ni ceux de Rome, ni même ceux de ma belle patrie.

L. M., de Genève.